길이 재기 대회를 한대!

지은이 윤병무

시인이며 어린이 책 작가이다. 이 책의 자매인 '후루룩 과학' 시리즈를 썼으며, 초등 국어·수학·사회·과학의 단원별 지식을 동시와 수필로 형상화하여 창발적 융합 교육을 실현했다고 평가받은 '로로로 초등 시리즈'(20권)를 썼다. 또한, 글(지문)을 나무 그림으로 간추리는 노하우를 일러주는 '나무 문해력 초등 시리즈'를 썼으며, 아동·청소년을 위한 인성 교육서 『생각을 열어 주고 마음을 잡아 주는 성장기 논어』, 『옛일을 들려 주고 의미를 깨쳐 주는 성장기 고사성어』, 『속뜻을 알려 주고 표현을 살려 주는 성장기 속담』을 썼다. 창작 그림 동화로는 『펭귄 딘딤과 주앙 할아버지』를 썼다. 지은이의 시집으로는 『당신은 나의 옛날을 살고 나는 당신의 훗날을 살고』, 『고단』, 『5분의 추억』이 있으며, 산문집 『눈속말을 하는 곳』이 있다.

그린이 이철형

이 책의 자매인 '후루룩 과학' 시리즈의 그림을 그렸으며, '로로로 초등 시리즈' 중에서 16권의 책에 삽화를 그렸다. '마음으로 생각하는 인성 공부 시리즈'에 삽화를 그렸고, 그림 동화 『펭귄 딘딤과 주앙 할아버지』와 함민복 시인의 시 그림책 『악수』에 그림을 그렸다. 또한, 인문 교양서 『우화의 철학』과 『나를 위한, 감정의 심리학』에 삽화를 그렸다.

후루룩수학 3

길이 재기 대회를 한대!
길이 단위

글 윤병무 그림 이철형

국수

호수 공원에서 '길이 재기 대회'가 열렸어.

마이크를 쥔 심판이 큰 목소리로 말했어.

"아, 아, 안내 말씀을 드립니다.

잠시 후, 길이 재기 대회를 시작합니다.

선수들은 돌다리 앞으로 모이시기 바랍니다."

호수 공원을 둘러보며 기다리던

길이 단위*들이 저마다 멋진 차림을 하고

길이 재기 대회에 선수로 참가했어.

* 단위: 길이, 무게, 개수 등을 수치로 나타낼 때 기초가 되는 기준.

대회가 시작되었어.

이 대회는 길이 재기 경기여서

무엇의 길이를 가장 정확히 재는 선수가 우승하는 거였어.

첫 번째 경기는 연필의 길이를 재는 거였어.

연필은 글을 쓰려고 태어났지만

이 경기에 주어진 연필은 아직 깎이지도 않은 상태였어.

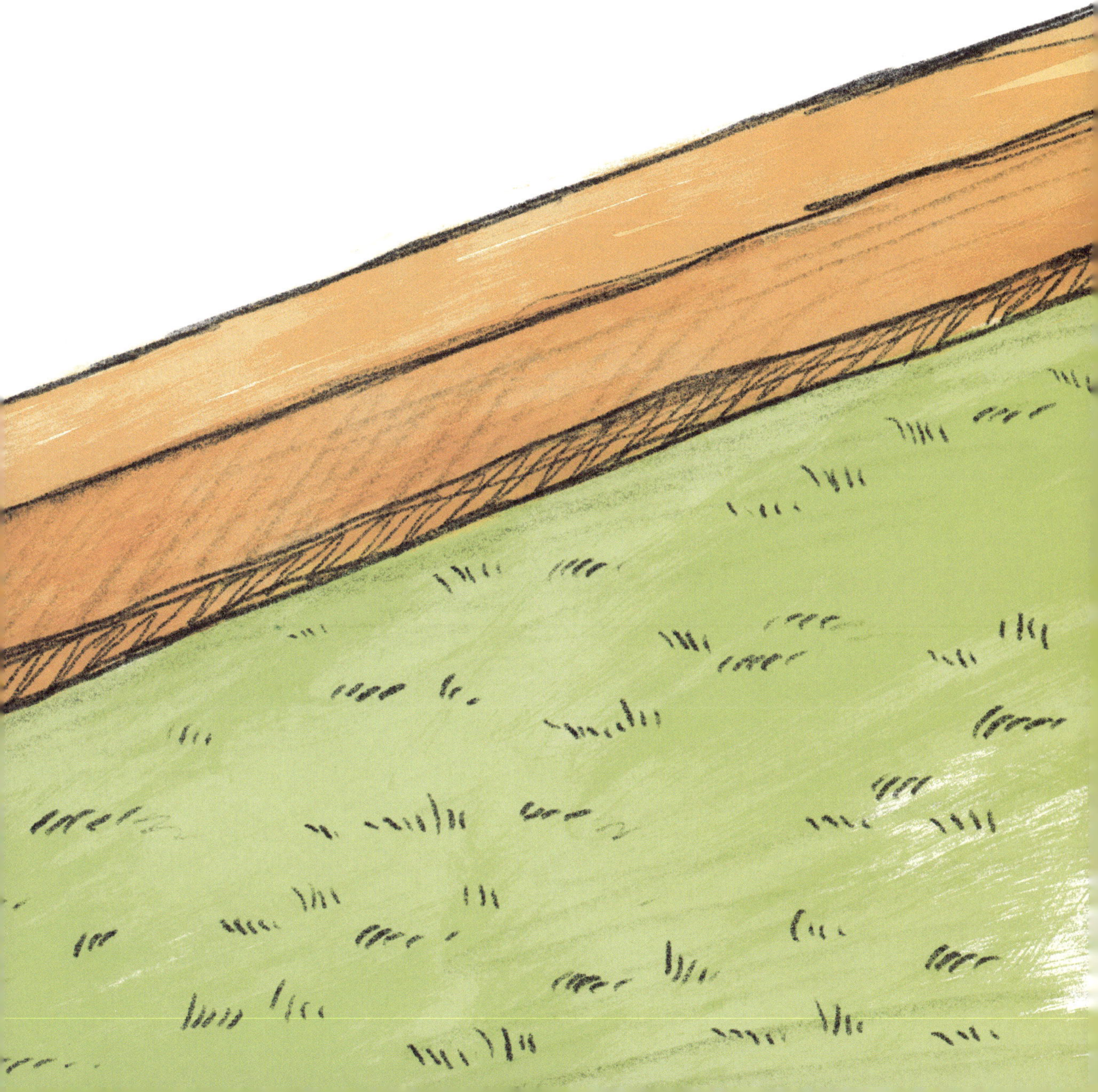

연필은 생각했어.

'내 연필심만 뾰족이 나왔다면 이 대회를 일기로 쓸 텐데······'

그때, cm(센티미터) 선수가 먼저 경기장에 나섰어.

cm는 연필에게 종종걸음*으로 다가왔어.

그러고는 연필에 올라서서 걷기 시작했어.

cm는 발을 디딜 때마다 소리 높여 숫자를 셌어.

"한 발, 두 발, 세 발, 네 발, 다섯 발, 여섯 발, 일곱 발, 여덟 발, 아홉 발, 열 발."

cm는 열 발을 내디디고는 숨을 고르며 잠시 쉬었어.

* 종종걸음: 발을 가까이 자주 떼며 급히 걷는 걸음.

cm가 다시 똑같은 보폭*으로 조심스레 걸었어.

"열한 발, 열두 발, 열세 발, 열네 발, 열다섯 발, 열여섯 발, 열일곱 발!"

이렇게 길이 재기를 마친 cm가 자신 있게 말했어.

* 보폭: 걸음을 걸을 때 앞발 뒤축에서 뒷발 뒤축까지의 거리.

이 연필의 길이는 **17cm** 입니다!!

연필은 생각했어.

'어? cm의 발가락이 내 몸 밖으로 조금 삐져나왔었는데?'

그때, mm(밀리미터)가 두 번째 선수로 경기장에 나섰어.

mm는 연필에게 다가오기까지 한참 걸렸어.

mm는 열심히 달려왔지만 몸집이 개미보다 작아서

다른 선수들뿐 아니라 심판조차 잘 알아보지 못했어.

그래도 mm는 길이 재기 대회에 정식으로 등록*된 선수여서

mm가 연필의 길이를 잴 때까지 모두가 기다려 주었어.

* 등록: 자격을 갖추어 단체에 이름을 올림.

mm가 연필 위에 간신히 올라가 걷기 시작했어.

mm도 발을 디딜 때마다 소리 높여 숫자를 셌어.

하지만 목소리가 너무 작아서 아무도 들을 수 없었어.

"한 발, 두 발, 세 발, 네 발, 다섯 발, 여섯 발, 일곱 발, 여덟 발, 아홉 발, 열 발……"

mm는 거북이처럼 쉬지 않고 걸었어.

그러고는 한참 뒤에 이렇게 외쳤어.

"이 연필의 길이는 172mm입니다!"

연필은 생각했어.

'딱 맞아! mm의 172번째 발끝이 내 발끝에 딱 맞았어!'

심판이 이 경기에 나설 다음 선수를 기다렸어.

하지만 더는 나서는 선수가 없었어.

m(미터)와 km(킬로미터)도 그 경기에서 겨루고 싶었지만

그 두 선수에게 연필의 길이는 한 걸음도 안 되었어.

잠시 후 심판이 우승자를 발표했어.

"cm도 연필의 길이를 잘 쟀습니다만

그보다 더 정확하게 잰 mm가 우승했습니다."

cm가 mm에게 다가가 우승을 축하해 주었어.

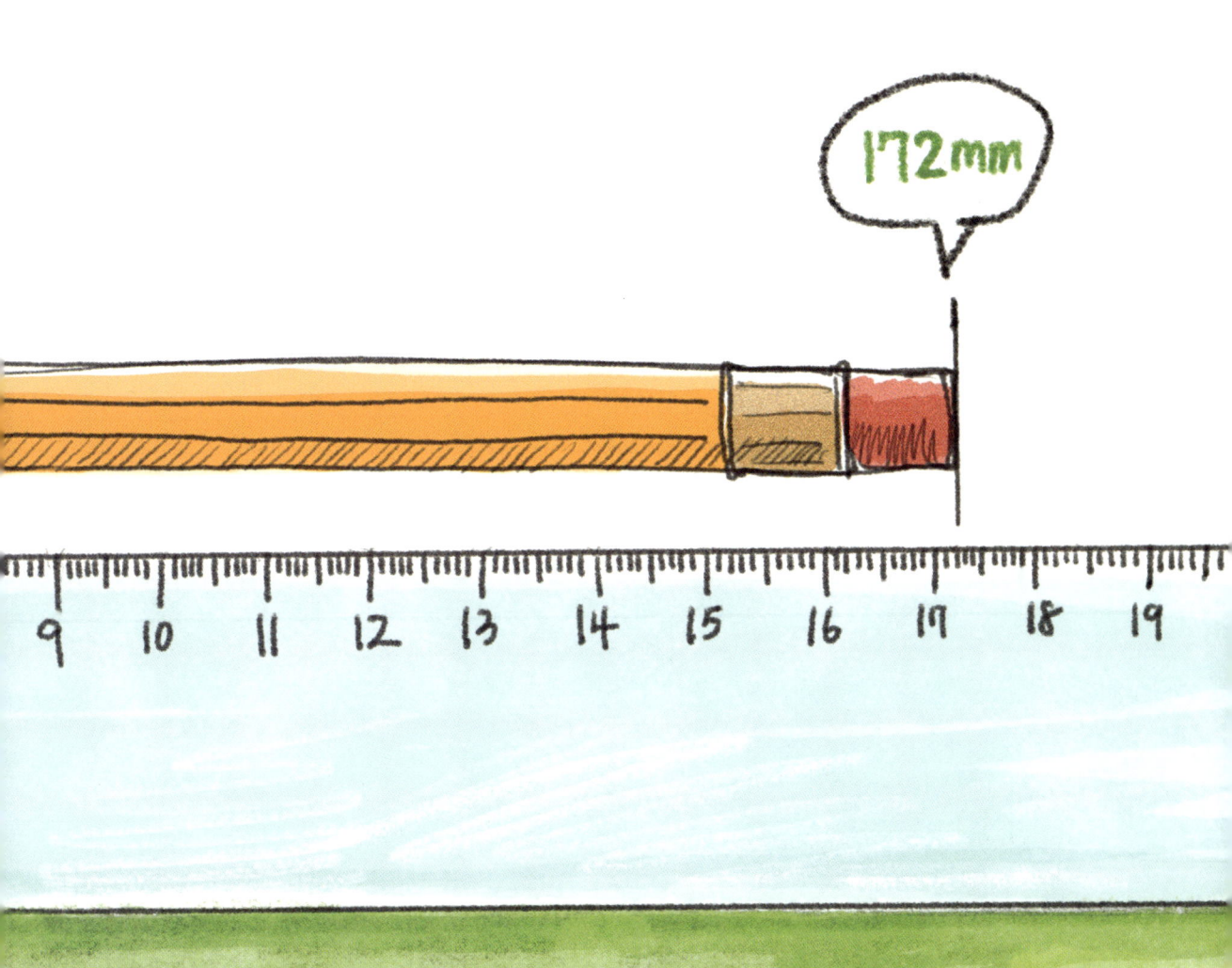

두 번째 길이 재기 경기는

무지개 모양의 돌다리의 길이를 재는 거였어.

아까부터 기다리던 m가 먼저 나섰어.

m가 성큼성큼 걸어가서 어느새 돌다리를 건너 버렸어.

그러고는 자신 있게 말했어.

"이 돌다리의 길이는 9m입니다!

내 발걸음으로 아홉 발이니까요."

m는 흐뭇한 표정으로 웃고 있었어.

cm가 돌다리 길이 재기 경기에도 나섰어.

cm는 연필 길이를 잴 때처럼 돌다리를 걷기 시작했어.

이번에도 cm는 발을 디딜 때마다 소리 높여 수를 셌어.

"한 발, 두 발, 세 발, 네 발, 다섯 발, 여섯 발, 일곱 발, 여덟 발, 아홉 발, 열 발……"

cm가 이번에는 숨을 고르며 쉴 여유가 없었어.

돌다리 길이를 다 재려면 오래 걸리기 때문이었어.

그제야 cm는 mm의 마음을 이해할 수 있었어.

그래서 cm도 황소처럼 쉬지 않고 뚜벅뚜벅 걸었어.

마침내 cm가 돌다리를 다 건넜어.

오래 기다렸던 심판과 다른 선수들이 cm를 지켜보았어.

cm가 이마에 흐른 땀을 닦으며 외쳤어.

"이 돌다리의 길이는 923cm입니다!

내 발걸음으로 구백스물세 걸음이니까요."

심판이 다음 선수를 기다렸지만 나서는 선수가 없었어.

mm와 km도 겨루고 싶었지만 그럴 수 없었어.

mm에게는 돌다리의 길이가 너무너무 길었고

km에게는 그 길이가 한 걸음도 안 되어 너무 짧았어.

심판이 cm의 한쪽 팔을 치켜들며 말했어.

"m도 돌다리의 길이를 잘 쟀습니다만

그보다 cm가 더 정확하게 쟀습니다."

km는 심심했어.

mm와 m는 한 번, cm는 두 번이나 길이 재기 경기에 나섰지만

km만 한 번도 경기에 나설 수 없었기 때문이었어.

km는 광장에 주저앉아 있었어.

그때, 세 번째 길이 재기 경기가 시작된다는 안내 방송이 나왔어.

"잠시 후, 오늘 길이 재기 대회의 마지막 경기가 시작됩니다.

마지막 경기인 만큼 마라톤 경주 같은 경기가 될 것입니다.

경기에 참가할 선수는 출발선에 모이세요."

귀를 쫑긋 세운 km가 자리에서 벌떡 일어났어.

그러고는 km는 반걸음도 내딛지 않고 출발선에 섰어.

마지막 경기는 호수 공원 둘레 길이를 재는 일이었어.

산책로를 따라 이어진 호수 공원의 둘레는 꽤 길었어.

출발선에 선 선수는 km와 m 둘뿐이었어.

앞선 경기에서 한 번씩 우승한 mm와 cm 역시

마지막 경기에도 나서고 싶었지만

그 둘에게는 호수 공원의 둘레가 너무너무 긴 길이였어.

마지막 경기는 마라톤 경주처럼 시작되었어.

총소리가 울리자 m가 서둘러 걸어 나갔어.

그 모습을 위에서 내려다보던 km는 팔짱을 낀 채 빙그레 웃었어.

잠시 후 km도 한 걸음씩 걸음을 내디뎠어.

km는 북소리 같은 목소리로 자기 걸음의 수를 셌어.

"한 걸음, 두 걸음, 세 걸음, 네 걸음, 다섯 걸음."

km는 딱 다섯 걸음 만에

호수 공원 둘레를 다 쟀어.

km는 아쉬워하며 혼잣말로 말했어.

"에이, 싱거워. 몇 발짝 떼지도 않았는데 다 끝나 버렸네."

km가 심판에게 말했어.

"이 호수 공원 둘레의 길이는 5km입니다."

km는 목소리를 높이지 않았지만 그 소리는 천둥소리처럼 컸어.

그 바람에 심판과 다른 선수들이 놀랐어.

km 목소리는 호수 공원 둘레를 한참 걷고 있던

m의 귀에까지 들렸어.

심판 나다.

m는 걸으면서 수 세기를 놓치지 않으려고 애썼어.

자기 걸음 수를 잊어버리면 큰일 나기 때문이었어.

만약 m가 자기 걸음 수를 잊어버린다면

m는 출발선으로 되돌아가는 수밖에 없었어.

처음부터 다시 걸음 수를 세어야 길이를 알 수 있으니까.

"이천오백일곱 발, 이천오백여덟 발, 이천오백아홉 발……"

m가 출발선을 떠난 지 반시간이 지났지만

m는 겨우 호수 공원 둘레를 반 바퀴쯤 돌고 있었어.

출발선에서 m가 나타나기만을 기다리던 심판과 선수들은

시계를 보며 턱을 괴고 앉아 있거나

뒷짐을 진 채 m를 내려다보고 있거나

한쪽 팔로 팔베개를 하고 비스듬히 누워 있거나

땅바닥에 구멍 뚫린 개미집을 바라보고 있었어.

한 시간 넘도록 기다리며 꾸벅꾸벅 졸고 있던

cm와 mm가 자기 짐을 싸기 시작했어.

어느새 날이 저물기 시작했고

m가 돌아오면 길이 재기 대회가 끝날 테니까.

저 멀리서 저녁노을에 그림자를 늘어뜨린 m가

한 발 한 발 조심스레 내디디며 돌아오고 있었어.

마침내 돌아온 m가 출발선을 밟으며 말했어.

오천백열한 발!

"오천백열두 발!"

그러고는 m가 심판에게 말했어.

"이 호수 공원 둘레는 5112m입니다."

mm
1mm

↘ 10배

cm
1cm = 10mm

↘ 100배

m
1m = 100cm

↘ 1,000배

km
= 1,000m

이번에도 심판은 선수의 말을 믿었어.

심판은 m를 호수 공원 둘레 길이 재기의 우승자로 결정했어.

선수들을 향해 심판이 말했어.

"km는 호수 공원 둘레의 길이를 금방 쟀습니다.

m는 호수 공원 둘레의 길이를 재는 데 오래 걸렸습니다.

하지만 km보다 m가 더 정확하게 쟀습니다.

그래서 호수 공원 둘레 길이 재기 경기의 우승자는 m입니다."

선수들이 손뼉을 치며 m를 축하해 주었어.

km는 손뼉을 치면서도 시무룩했어.*

그러고 보니 mm는 연필 길이 재기 경기에서 우승했고

cm는 돌다리 길이 재기 경기에서 우승했고

m는 호수 공원 둘레 길이 재기 경기에서 우승했는데

km만 우승을 한 번도 하지 못했어.

* 시무룩하다: 마음에 못마땅하여 말이 없고 언짢은 표정이다.

mm, cm, m가 km 발 앞에 섰어.

세 선수는 마음 같아서는 km와 어깨동무하며 위로하고 싶었어.

하지만 키 차이가 너무 커서 그럴 수는 없었어.

그래서 세 선수는 km의 발 앞에서 한목소리로 말했어.

"km야, 너무 아쉬워하지 마.

네가 우승할 실력이 없는 게 아니야.

네가 우승할 수 있는 경기가 없었을 뿐이야."

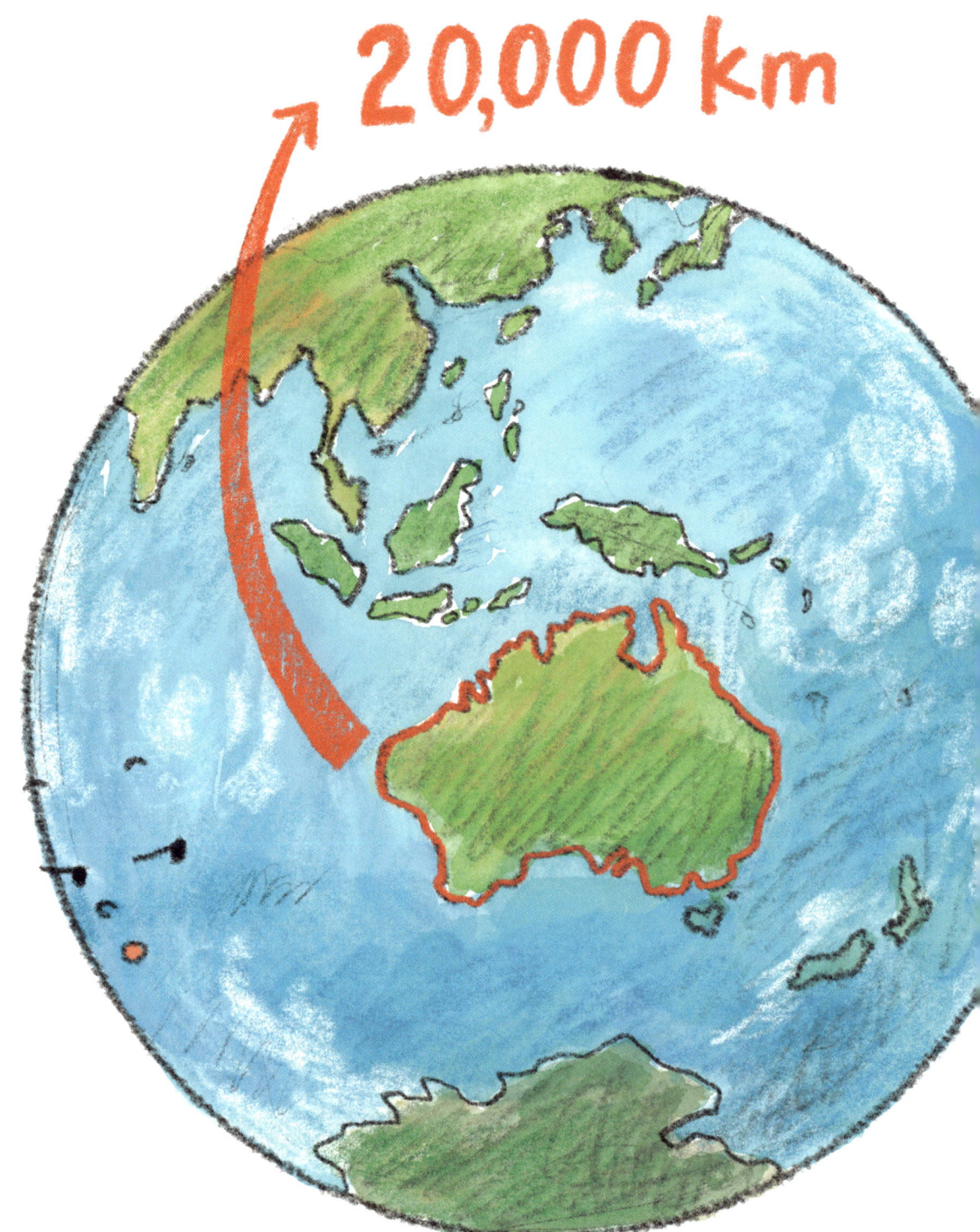

심판도 거들어 km를 위로했어.

심판은 이렇게 말했어.

"만약에 오스트레일리아* 둘레의 길이를 재는 경기가 있었으면

분명히 km가 우승했을 것이오.

그 경기에는 mm와 cm뿐만 아니라 m도

그렇게 긴 길이를 재기에는 마땅하지 않을 테니까요.

오스트레일리아 대륙의 둘레는 약 20000km나 되어서

그 둘레의 길이를 재려면 km 선수가 가장 마땅합니다."

* 오스트레일리아: 지구의 남쪽에 있는 매우 큰 땅덩어리.

세 선수와 심판의 말을 듣고 km는 기분이 한결 나아졌어.

그러다가 심판의 말에 km는 궁금한 게 생겼어.

그래서 km가 심판에게 질문했어.

"저보다 큰 길이 단위도 있나요?

저보다 훨씬 큰 길이 단위가 있어야 할 것 같아요.

지구에서 태양이나 달까지의 거리는 너무 멀잖아요.

그만큼의 거리는 저도 재기 어렵잖아요."

심판이 고개를 끄덕이며 대답했어.

"맞아요. 그래서 더 큰 **길이 단위**가 있어요.

방금 말했듯이 지구에서 태양까지의 거리는 너무 멀어서

km로 나타내면 알아차리기 어려워요.

그 거리는 약 1억 5천만km나 되거든요.

그래서 과학자들이 모여서 **AU**(에이유)라는 **길이 단위**를 만들었어요.

지구에서 태양까지의 거리를 1AU라고 부르기로 한 거예요.

다시 말하면, 1AU의 길이는 약 1억 5천만km예요."

"그럼, 밤하늘에 빛나는 별들까지의 거리를
모두 AU로 나타낼 수 있나요?"
이번에는 m이 심판에게 질문했어.
심판은 저녁 하늘을 올려다보았어.
어느새 어두워져서 작은 별들이 반짝이고 있었어.

심판이 대답했어.

"저기 희미하게 보이는 목성*이나 태양계*의 가장 바깥쪽에 있는 해왕성*까지는 AU로 나타낼 수 있어요.

* 목성: 태양에서 다섯 번째에 있는 행성.
* 태양계: 태양, 그리고 태양 주변을 돌고 있는 물질들이 있는 공간.
* 해왕성: 태양에서 여덟 번째에 있는 행성.

태양에서 목성까지의 거리는 약 5AU이고

태양에서 해왕성까지의 거리는 약 30AU예요.

하지만 그보다 아주아주 멀리 있는 별들까지의 거리는

AU로도 나타내기 어려워요.

그 거리는 우리가 상상하는 것보다도 훨씬 머니까요."

그때, 아득한 밤하늘에서 빛나는 어느 별빛이 말했어.

"그래서 내가 필요한 것이오.

내가 있어야 별들 사이의 아주 먼 거리를 길이 단위로 나타낼 수 있소."

메아리 같은 별빛의 말소리에 모두가 놀랐어.

km가 별빛에게 물었어.

"그렇게 말하는 당신은 누구세요?"

별빛이 대답했어.

"나는 광년(光年)이오.

빛의 속도로 1년 동안 나아가는 거리여서

내 이름은 광년(光年)이오."

광년의 말에 모두가 또 놀랐어.

km가 광년에게 다시 물었어.

"달이 지구와 가장 멀리 있을 때의 거리는

저의 걸음으로는 4십만 5천 4백 걸음이에요.

그 거리를 광년의 걸음으로는 몇 걸음인가요?"

별빛이 반짝반짝 웃으며 대답했어.

"지구에서 달까지의 거리는

내게는 발가락을 꼼지락대는 것도 안 되오.

내 한 걸음이 빛의 속도로 가는 1년이고

태양의 빛이 지구에 닿기까지 8분쯤 걸리니

달의 빛이 지구에 닿기까지는 2초도 안 되오."

광년의 말에 모두가 또 놀랐어.

km가 광년에게 다시 물었어.

"그럼 1광년은 몇 km나 되나요?"

광년이 별빛을 반짝이며 대답했어.

"그 거리를 km로 말하면 느껴질지 모르겠소.

1광년은 빛이 1초에 30만km의 속도로 1년을 나아가는 거리요.

그래서 1광년은

9조 4천 6백 7십억 7천 7백 8십 2만km이오."

광년의 마지막 말에 모두가 놀라서 입을 물지 못했어.

그날 밤, km는 잠자리에서 꿈을 꾸었어.

km가 호수 공원에서 달까지의 길이를 재고 있었어.

km가 달빛을 밟고 한 걸음 한 걸음 걸어가고 있었어.

그렇게 마음껏 걷는 동안

세상의 모든 길이 단위가 km를 응원해 주었어.